LETTRES

SUR

L'ESPRIT DU MOMENT.

A PARIS,

Chez LAURENS jeune, Libraire et ancien Imprimeur, ci-devant rue Saint-Jacques, présentement rue du Bouloy, n°. 4, au premier;

Et chez les principaux Libraires.

1814.

LETTRES

SUR

L'ESPRIT DU MOMENT.

Le 25 août 1814.

Vous voilà enfin dans le grand tourbillon. Vous savez que nous autres provinciaux nous ne voyons Paris qu'à travers de longues lunettes dont les verres sont peu transparens. Ce faux jour nous trompe sans cesse, et nous expose à dire une foule de contre-sens que les journaux ne redressent jamais, parce qu'en effet ils ne peuvent ni ne doivent publier ce que nous voudrions précisément savoir. Ayez donc, mon ami, la complaisance de nous éclairer, et marquez-nous, avec votre loyauté ordinaire, l'état des choses, tel que vous les voyez, et parlez-nous aussi des personnes; car c'est ce qui nous intéresse le plus en province: notre curiosité est en raison de notre éloignement et de notre ignorance.

Vous devez avoir été bien accueilli; car l'homme qui, avec MM. de Vinezac, de Rollat et de Verhamont, avait fait un mémoire signé par quinze cents gentilshommes ou officiers, par l'autorisation du maréchal de Broglie, en 1789, afin de défendre le Roi, qui ne voulut pas être défendu;

celui qui a fait tant de brochures en faveur des Bourbons dans les circonstances les plus périlleuses ; celui qui eut un duel si honorable dans l'émigration pour la cocarde blanche, avec un prince qui s'*était mis hors de ligne* en portant la cocarde tricolor, que vous lui arrachâtes publiquement ; celui qui avait assisté aux journées du 6 octobre et du 10 août ; celui qui fut gardé à vue par trois grenadiers de la convention, tout le temps du procès de Louis XVI, jusqu'au 31 janvier ; celui qui resta deux ans dans les effroyables prisons de la terreur ; celui qui, après une seconde émigration, fut mis à son retour de Hambourg dans les tours du Temple, par les ordres de Buonaparte, et y resta près de deux ans pour de là subir dix ans d'exil ; car vous n'avez dû votre délivrance qu'à la rentrée des Bourbons ; celui-là, dis-je, qui a montré de si nobles sentimens, tant de courage et une si rare persévérance, est fait, avec les moyens que vous avez, pour réussir à quelque chose. Vous me parlerez donc de vous, quelque pénible que cela puisse être ; et je vous dirai, pour vous faire plaisir, que j'ai de l'aisance après de longs malheurs, et de la joie après de longues tristesses. Mes principes ont été les vôtres ; j'aime le Roi et les Bourbons, comme je les ai toujours aimés ; mais je n'ai rien à leur demander, et je blâme ceux qui ont encore quelque fortune, de se plaindre et de les importuner, pour avoir des places dont ils peuvent se passer : cela n'est pas généreux.

Les républicains dans notre province, car il y a encore une foule d'insensés qui n'ont pas renoncé à leurs principes, et qui, par conséquent, haïssent le tyran impérial, comme si les tyrans qui l'avaient précédé eussent mieux valu; les républicains, dis-je, cherchent à se réunir aux buonapartistes. Je ne sais quel espoir les uns et les autres peuvent concevoir; mais il sera déçu: la politique, l'opinion et la justice veulent ce qui est; et d'ailleurs l'Europe s'est prononcée: qui osera parler, et qui ne craindra pas d'agir? Les bourgeois dans ma petite ville, et cela a dû être ainsi partout ailleurs, ont d'abord été inquiets avant la restauration; mais quand ils ont vu que la Charte était tout en leur faveur, ils se sont épanouis, et les voilà royalistes. L'amour de soi est là avec toute sa force; l'homme ne peut s'en séparer. Les uns sont contens, les autres mécontens, par ce sentiment même. Ainsi va le monde. Adieu, je vous embrasse.

Le Comte DE BERTHEMONT,
Chevalier de Malte et de Saint-Louis.

A Bray-sur-Seine, le 25 août.

POST-SCRIPTUM.

Dites-moi si vous avez obtenu la croix de St.-Louis, une retraite, ou quelque pension.

RÉPONSE.

JE vous dirai peu de choses de moi , mon cher ami. Je suis arrivé à Paris avec peu de confiance, malgré ma conduite et mes longs malheurs. Ce n'est pas que je désespère de la justice et de la bonté du Roi, car ce serait une espèce d'outrage ; mais cela tient à mon caractère : je me rebute aisément, et ma fierté est très-chatouilleuse. J'ai donc peu de moyens de réussir, et je crois que je ne réussirai pas. Je vais donc me retrancher à demander une pension. Si je n'obtiens rien, je serai assez généreux pour ne pas me plaindre, et j'irai végéter en province. On n'a qu'à dire à un homme comme moi, *vous avez fait votre devoir*, et je n'ai plus rien à objecter.

Le Roi, dont vous connaissez les lumières et les vertus, n'est pas dans une situation tranquille. La Charte constitutionnelle ne plaît pas à tout le monde, et cependant, après une si déplorable révolution dans les esprits, n'était-il pas très-raisonnable de se conformer aux idées nouvelles, et de consacrer les principes d'une sage liberté ? Le Roi, par sa Charte, est un véritable monarque, et la France est libre. *Nerva Cæsar, res olìm dissociabiles miscuit, principatum ac libertatem* dit Tacite. C'est le plus grand éloge d'un prince qui sut mêler *la souveraine puissance avec la liberté.* Fallait-il que le Roi osât seulement penser à établir la puissance royale dans toute sa plénitude, lui qui n'avait ni troupes, ni argent; lui que la grande majorité de la nation ne connaissait presque pas; lui qui avait d'avance des enremis si redoutables dans le parti déchu et dans les anciennes factions; lui enfin qui n'avait que des vertus à opposer à tant de vices, de la sagesse à tant de passions, du calme à tant d'inquiétudes, et des sentimens magnanimes à tant de méchanceté? Il fallait donc qu'il fût un tyran, et qu'il usât du glaive sans rémission. La guerre civile était là avec toutes ses horreurs. Frémissez donc à l'idée de tant de maux, vous tous qui vous isolez du Roi par le mécontentement, et qui donnez par là une joie cruelle à vos ennemis naturels: je le répète, la guerre civile était inévitable, si le Roi eût été comme vous vouliez qu'il fût. Vous lui reprochez sa bonté; reprochez donc à Dieu la sienne, lui qui est l'être bon par essence. Blâmez Charles V, Louis XII, Henri IV; remontez jusqu'à Titus, l'histoire et ses souvenirs déposeront contre vous. Non, j'apprécie mieux vos sentimens; c'est un moment d'erreur qui vous abuse; vous imiterez les braves capitaines de Henri IV, qui furent si patiens et si généreux. Il est de l'essence des gentilshommes français d'avoir des sentimens nobles et élevés. Je suis convaincu que s'il était possible qu'il y eût du danger pour la personne du Roi dans une circonstance quelconque, on vous verrait accourir les premiers, l'épée à la main, pour le couvrir, le sauver ou mourir à ses pieds. Voilà, ancienne noblesse française, ce que je pense de vous, et je ne me trompe pas. La fortune et l'élévation *des hommes nouveaux* (1) vous ont irrités : mais Cicéron, Marius et tant d'autres furent des hommes nouveaux. Auguste lui-même, qui eut l'empire du monde, n'était pas patricien. Ce n'est pas que je compare nos grands d'aujourd'hui à ces hommes colossaux ; mais ils ont fait tout ce qu'ils ont pu, et en abandonnant le tyran, ils ont rendu à la France et à l'humanité un immense service. Le vieux Corneille crie en leur faveur du fond de son tombeau,

> Lorsque l'on rompt le cours d'un pouvoir rigoureux,
> Les cœurs les plus ingrats sont les plus généreux.

Contentez-vous donc, noblesse française, qu'on ne puisse comparer aucun homme de la révolution aux héros sortis de votre sein. Votre gloire est brillante, parce qu'elle est historique, et vos noms sont impérissables. Toutes les familles nouvelles qui ont d'immenses richesses aspireront à s'allier avec les vôtres, et vos enfans jouiront de leurs richesses. D'ici à un demi-siècle, vous tous qui portez un grand nom, vous aurez de l'opulence, soit par les mariages, soit par les places. Je parle à votre intérêt ; ne repoussez pas les hommes nouveaux, je parle surtout des mi-

---

(1) Il faut en excepter M. le maréchal de Macdonnal, dont le nom se mêle avec éclat aux malheurs des Stuart.

litaires; ce sont des braves, ils ont sauvé la France et vous-mêmes, et *n'ont plus besoin d'aïeux*. Où en seriez-vous, si celui qui les commandait, si cet homme, qui a péché par tous les vices du cœur et de la raison, eût été sage? Vous étiez perdus, et l'Europe asservie (1). Vous ne verriez pas cette antique race de nos Rois sur le trône, ces descendans de Clovis et de Charlemagne; car ce n'est pas Hugues Capet qui est le premier Roi direct de leur famille, c'est Eudes qui régna dix ans, et sauva Paris de la fureur des Normands. Les savans bénédictins, qui ont fait *l'Art de vérifier les dates*, ouvrage aussi utile qu'important, ont très-bien prouvé que ce Roi Eudes descendait, par Robert-le-Fort, d'un frère de Charles-Martel, grand-père de Charlemagne : et la noblesse et le clergé, en s'adressant à Louis-le-Débonnaire, fils de ce grand monarque, lui disaient : *Vous qui descendez de Clovis, notre premier Roi*. Voyez les annales de Saint-Bertin, ouvrage contemporain et vraiment vénérable. Le clergé et la noblesse n'auraient pu ni osé dire à la face de la nation une telle chose, si elle n'avait pas été incontestable. Que dirait Plutarque, lui qui s'émerveillait que la race de ce Pyrrhus qui fit la guerre aux Romains eût six cents ans d'antiquité, s'il avait eu à parler d'une race toute royale pendant quinze siècles?

Mais je reviens encore au Roi. On désapprouve

____

(1) Buonaparte crut que *le sabre* était la politique; point du tout; *c'est une lime sourde qui use le sabre*.

que son cœur soit capable d'amitié et de sentimens affectueux et durables : mais ce blâme naît de l'envie. On ne lui appliquera pas du moins ces beaux vers de la Henriade :

> Amitié ! don du ciel, plaisir des grandes âmes,
> Amitié, que les rois, ces illustres ingrats,
> Sont assez malheureux pour ne connaître pas.

Henri IV aimait Sully *à tort et à travers*, pour me servir d'une de ses expressions ; il le soutint contre tous les jaloux et les mécontens, et l'accabla de bienfaits. Il le fit duc et pair, maréchal de France, surintendant de l'artillerie, ministre. L'histoire le loue au contraire d'avoir fait tant de choses pour *son ami*. Cet admirable et excellent Roi avait un cœur, et Louis XII, ce père du peuple, aimait aussi d'Amboise. Faut-il donc que ce qui est si respectable dans un homme ordinaire ne le soit pas dans un Roi, comme s'il n'était pas homme ? Et vous tous que la révolution a perdus, ne voyez-vous pas que les sentimens tendres dont le cœur du Roi est susceptible, sont une garantie pour vos malheurs ? Pouvez-vous penser qu'il n'y compatisse pas, et qu'il ne s'occupe pas des moyens de les adoucir ? Ah ! si vous réfléchissiez que sans doute vous lui causez des peines cruelles, et que souvent des larmes tombent de ses yeux, vous cesseriez de vous plaindre. Vous ne songez donc pas à la fatale nécessité, et à sa main de fer qui s'appesantit sur sa tête ? Que vouliez-vous qu'il fît ; et que voulez-vous qu'il fasse ? Les alliés l'ont mis sur le trône, et l'y ont laissé...... Mes chers mécontens, ayez donc un peu de patience et de politique; avec le temps tout prendra de meilleures formes; et rappelez-vous ce vers de Virgile que Sa Majesté peut si bien s'appliquer :

Res dura, et regni novitas me talia cogunt
Moliri......

Il faut aussi, mon cher ami, vous parler de S. A. R. Monsieur, et de ses augustes enfans. Ce sont des princes recommandables par toutes les qualités du cœur, pleins d'honneur et de loyauté, et les dignes descendans de Henri IV. Quel ravissement de voir ces nobles proscrits sous nos yeux, de les aimer, de les entourer, de leur parler et de les entendre! Où étaient-ils il y a quelques mois, et où étions-nous? Et cette auguste victime du Temple, qui a une si haute piété et une si sage raison, qui peut se lasser de l'admirer et de la chérir? Ses mains ne s'ouvrent que pour donner, sa bouche que pour bénir, son cœur que pour compâtir à nos maux. Et vous, princes, qui portez un nom si mémorable et si cher aux Français; vous, dont les gémissemens retentissent dans nos cœurs, vous avez perdu, que dis-je? nous avons perdu celui que nous pleurons ensemble, et qui aurait fait comme vous la gloire de votre race et la nôtre. Puisse ce grand crime, que rien ne peut excuser, retomber à jamais sur la tête de son auteur! M. le duc d'Orléans est un prince dont le mérite se fait d'abord sentir, et qui a montré une sagesse rare; il a d'ailleurs la bonté d'âme de son auguste mère. Enfin, mon ami, si le ciel nous eût permis de choisir nos princes, il nous eût été impossible de faire un meilleur choix.

Vous parlerai-je des ministres? Ce n'est sûrement pas le mérite qui leur manque; mais on se plaint qu'ils ne répondent pas assez exactement aux lettres qui leur sont adressées. Cela vient sans doute de l'immense quantité qu'ils en reçoivent. J'ai ouï dire à une amie de M. le duc de Choiseul qu'il avait un homme d'esprit chargé de répondre à toutes les personnes qui lui écrivaient : on employait des égards, de la politesse, des refus obligeans; on donnait des espérances ; et si l'amour de soi n'était pas content lorsqu'on n'obtenait rien, la vanité était du moins satisfaite. Avec les Français d'autrefois, surtout, il faut prendre cette tournure. M. le duc de Choiseul avait des audiences brillantes ; il y mettait de l'esprit, de la grâce et une politesse exquise : aussi est-il un des ministres de Louis XV qui a laissé le plus d'amis et le plus de souvenirs.

Que vous dirai-je de Paris? Il n'a pas plus de rapports avec le Paris de 1788, que celui-ci en *avait* avec le Paris du temps du Roi Dagobert. La révolution a tué la politesse française. Ce ne sont plus les mêmes mœurs, le même esprit, le même langage. Tout est corrupteur ou corrompu. Tout s'achète, parce que tout se vend ; c'est un agiotage universel. Les parvenus sont insupportables ; mais un homme exercé connaît d'abord son homme, et l'on ne se trompe pas aux manières. Enfin, qui le croirait? Paris a quelque chose de provincial. Sa division en arrondissemens et en mairies en a fait plusieurs villes dans une, et chacun se connaît dans son quartier. On ne se connaissait pas autrefois dans la même maison. Les intrigans pullulent ici; l'un porte la croix de Saint-Louis sans l'avoir reçue (1); l'autre dit qu'il a émigré; celui-ci, qu'il a assisté à la journée du 10 août; celui-là, qu'il a été emprisonné pour ses principes; enfin tous, jusqu'à des jacobins, veulent avoir servi ou rétabli le Roi. Les anciens militaires se plaignent de n'être pas récompensés; les nouveaux veulent leurs emplois, et mieux encore; enfin, *tous veulent tout;* ce qui est impossible.

Buonaparte est usé ici, et s'use dans l'armée; elle devient toute royale. Peu à peu il ne restera de lui que les souvenirs qui lui conviennent. Montesquieu disait : « Caligula, Néron, n'exerçaient » leurs cruautés que dans Rome, Caracalla promenait ses fureurs dans tout l'univers. » Voilà l'homme : quant à ses talens militaires, Turenne lui aurait dit, et ce sont ses propres paroles : « Une suite de conduite fondée sur une grande » expérience, et accompagnée d'un grand cou- » rage et d'un grand jugement, est fort supé- » rieure au gain d'une bataille. » Et Bayle disait très-bien : « Un général qui gagne des batailles

____

(1) Il faut espérer que la police y fera attention.

» dont tout le fruit est pour ceux qui vendent
» des crêpes et du drap noir, se trouve partout. »
La guerre est un métier, un art et une science ;
Buonaparte a du métier et de l'art, et n'a pas le
reste. C'est une vérité qui devient tous les jours
incontestable. Il a fait la guerre *sans magasins,
sans hôpitaux et sans cartels*, ce qui est sans
exemple dans l'histoire des peuples civilisés. Deux
fous célèbres et également atroces se tiennent par
la main à travers les siècles, Cambyse et lui ; l'un
fit périr son armée dans les sables du midi, et
l'autre, la sienne dans les glaces du nord. Les
grands hommes laissent toujours de grands résul-
tats après eux. Alexandre laissa l'Asie aux Macé-
doniens ; César fonda l'empire romain ; Charlemagne l'empire d'occident, dont les vestiges du-
rent encore ; Louis XIV., ce monarque du grand
siècle , donna les Espagnes et les Indes à son
petit-fils. Que restera-t-il de Buonaparte ? Le sou-
venir de ses crimes et de ses folies. Il en est en
politique comme en mécanique, ce qui est vio-
lent ne peut durer.

« Je le dirai toujours, s'écrie Montesquieu, c'est
» la modération qui gouverne les hommes, et non
» les excès. » Notre constitution nous offre cette
modération (1), et sagement mêlée des trois pou-

---

(1) Statuo esse optimè constitutam rempublicam , quæ ex
tribus generibus illis , *regali, optimo et populari*, modicè
confusa.   CICÉRON.

Tacite dit la même chose , en d'autres termes.

voirs, nous donne la liberté politique ; *laquelle ne consiste*, selon le grand homme que je viens de citer, *que dans la sûreté, ou du moins dans l'opinion que l'on a de sa sûreté*. La liberté de la presse serait bien la garantie de cette sûreté ; le principe en est vrai, et la charte l'a consacré ; MAIS IL Y A TEL PRINCIPE VRAI QUI PEUT BOULEVERSER LE MONDE ; et la philosophie moderne a eu de ces principes-là : c'est incontestable.

Mon frère disait, en 1789, dans son excellent ouvrage sur l'assemblée constituante, qui ne constitua que nos malheurs : « Nous devons presque » tous nos maux à la liberté de la presse. L'im- » primerie est l'artillerie de la pensée. Il n'est pas » permis de parler à tout un public, mais il est » permis de tout écrire ; et si on ne peut avoir » une *armée d'auditeurs*, on peut avoir une *ar-* » *mée de lecteurs*. » C'est remarquable. La liberté de la presse pourrait nous redevenir funeste ; essayons prudemment de notre nouvelle existence. LE TEMPS ET MOI, disait notre sage roi Charles V ; ce mot suppose la conscience de ses forces et la volonté de les bien employer. C'est aussi la devise de Louis XVIII.

Adieu, mon cher Comte, vous connaissez toute mon amitié pour vous ; je vous embrasse tendrement.

Le vicomte DE RIVAROL,
Colonel dans l'émigration.

P. S. Vous me demandez si j'ai obtenu la croix de Saint-Louis, une retraite ou quelque pension ? Sans la révolution, j'aurais une trentaine d'années de service et des grades, sans doute ; mais j'ignore si quatre ans d'émigration, à peu près cinq ans de prison et dix ans d'exil me compteront ; si la journée du 10 août (1) me vaudra une campagne, etc. Mon intention est de demander au Roi la pension qu'il daignait faire à mon frère dans l'émigration ; il la méritait sans doute, et je ne l'ai point démérité. » (2)

---

(1) J'ai lu deux relations de cette journée, l'une imprimée à Londres, et l'autre à Paris ; elles sont toutes les deux très-fautives.

(2) J'avais un grand-oncle, le marquis de Rivarol, maréchal de camp en 1738, qui, dans un petit ouvrage qu'il publia sur l'art militaire, où il parlait beaucoup de ses services, disait dans sa préface : *Parler de soi est ridicule, en dire du bien est plus ridicule, en dire du mal est plus que ridicule. Mais il est des circonstances qui exigent et excusent cette nécessité.*

FIN.

DE L'IMPRIMERIE DE J. GRATIOT.